黄石市博物馆

馆藏文物图录 陶瓷卷

柯尊红　主编

文物出版社

图书在版编目(CIP)数据

黄石市博物馆馆藏文物图录.陶瓷卷 / 柯尊红主编.
. -- 北京:文物出版社, 2023.12
　ISBN 978-7-5010-8296-4

　Ⅰ.①黄… Ⅱ.①柯… Ⅲ.①文物—黄石—图集②古
代陶瓷—黄石—图集Ⅳ.①K872.633.2

中国国家版本馆CIP数据核字(2023)第242372号

黄石市博物馆馆藏文物图录·陶瓷卷

主　　编	柯尊红	
责任编辑	吕游	
责任印制	张丽	
出版发行	文物出版社	
地　　址	北京市东城区东直门内北小街2号楼	
邮　　编	100007	
网　　址	www.wenwu.com	
印　　刷	黄石市精信彩印科技有限公司	
经　　销	新华书店	
开　　本	889mm×1194mm　1/16	
印　　张	10.75	
版　　次	2023年12月第1版	
印　　次	2023年12月第1次印刷	
书　　号	ISBN 978-7-5010-8296-4	
定　　价	198.00元	

《黄石市博物馆馆藏文物图录·陶瓷卷》编辑委员会

主　　编：柯尊红

副 主 编：杨　胜　李庆玲　包丽君

资料整理：李庆玲　包丽君　卫　丹　李晓歌　陈　曦

序

　　"陶瓷"是陶器和瓷器的统称。所谓陶器是指用陶土做成的各类器物,是泥与火的结晶。中国陶器的产生已有11700多年的历史,虽然陶器的产生是人类生产发展史的一个里程碑,但是它始终是文明初级阶段的产物,而瓷器的发明和使用标志着文明由低级向高级转变。中国古代的制瓷业从商代至清代历时3500年左右从未间断,一直处于良好的发展势头,瓷器在人们的生活中发挥了巨大的作用,今天我们品味精品瓷器仍能浸润心灵。

　　黄石市博物馆馆藏陶瓷器有1000余件,本书挑选别致典雅、独具代表性的精品,分陶器和瓷器两部分,以时代为顺序,展示馆藏新石器时代至民国时期陶瓷器。主要器形有鼎、豆、罐、纺轮等,这些文物大部分出土于黄石地区。

　　新石器时代的陶器以大冶蟹子地遗址出土为典型,主要为夹砂红陶、夹砂红褐陶,也有少量泥质黑陶、泥质黑皮陶;常见器形有陶钵、陶缸、陶罐、陶鼎等;纹饰则以粗绳纹、斜篮纹为主,制作较为粗糙,多拍印而成。这一时期陶器的大量使用与农业和畜牧业的发展是分不开的,在蟹子地遗址新石器时代文化层中发现了大量的炭化种子,以大米为主。另外在鲇鱼墩遗址中也发现了稻谷壳、陶猪器物,这些均表明当时黄石地区的制陶技术、农业、畜牧业已经发展成一定规模。

　　商周时期,黄石地区的陶器以夹砂和泥质为主,制作工艺较为成熟,器物更加精美。器形以日常生活器具为主,有陶鬲、陶豆、陶鼎、陶甗等,大多为炊具,纹饰多饰细绳纹。蟹子地遗址出土的商周时期的陶豆,泥质黑皮陶,盘内饰放射状暗纹，外饰绳纹多抹平，柄部正中和座沿部饰弦纹多道和三组长方形镂孔，每组三个，上下两排镂孔较长，中间镂孔较短。

我馆馆藏的汉至明代的陶器多为罐、仓、壶、瓶等，制陶技艺日益精湛，陶器均为民窑产品，作为日用或陪葬器皿。

瓷器最早出现于商代，随着制瓷技术的进步，瓷器在唐宋时期发展成一个新的转折点。我馆馆藏的瓷器大多是宋代及其以后时代的瓷器，器形多为盘、碗、杯、碟、盒、罐等，也有少量的鼎、簋、尊、香炉等。其中最具典型性的是青瓷孔明碗，产自浙江省西南部的龙泉地区的龙泉窑。碗夹层中空，通体施青釉。圈足底露白胎，碗心呈浅盘状，内饰三朵盛开的菊花，线条流畅，外饰三圈弦纹，口沿外侧下饰一圈弦纹，腹部饰暗条纹。整个器物造型精美，青翠色调给人一种温润如玉之感。另一件藏品——仿官釉琮式瓶也颇具特色，通体及足内均施青白色仿官釉，开细碎黄褐色片纹，大清同治年制。这类琮式瓶在清代大量烧造，属大运瓷器的一种，为御窑厂不用皇帝另外降旨烧造，而按照年历每年底在清宫内务府奏销，按固定样式烧造，且统一运至京城交付清宫瓷库的器物。

黄石市博物馆馆藏陶瓷器种类繁多，是黄石地区政治、经济、社会、文化方面的历史见证。相信此书的出版能增进广大读者对黄石地区出土陶瓷器的认知，从中领略和感受黄石地区陶瓷文化的精彩与魅力。

柯尊仁

黄石市博物馆馆长

2023年12月

目　录

陶器

大口陶缶

春秋时代(前770～前476年)
口径38厘米, 腹径43.6厘米, 底径22厘米, 高37厘米

泥质红陶, 方唇, 窄沿, 鼓腹, 平底。肩饰圆饼形乳丁, 乳丁上饰竖条纹, 腹部饰间断条纹。
铜绿山11号矿体第五层(冶炼遗址)出土。

陶网坠

新石器时代
长3.8厘米, 厚1.5厘米

泥质红褐陶, 扁长条状, 两端弧状, 接近两端处刻有凹槽。

陶网坠

西周(前1046～前771年)
长2.3厘米, 厚0.93厘米

泥质红陶, 扁长条状, 两端弧状, 接近两端处刻有凹槽。

陶纺轮

新石器时代
直径4.46厘米, 孔径0.48厘米, 厚1.61厘米

夹砂红陶, 略呈圆饼形, 中间有孔。

陶纺轮

西周(前1046～前771年)
孔径0.78厘米, 厚1.52厘米

泥质黑皮陶, 略呈凸圆形, 中间有孔。

绳纹夹砂黄褐陶甗

西周(前1046～前771年)

口径28.6厘米,腹径30厘米,高33.7厘米,厚0.7厘米

夹细砂黄褐陶,侈口,圆唇,鼓肩,上腹弧收,最大径近肩部。下腹较浅,略鼓,大圜底,粗腰,腰内壁三个扁圆乳突以承箅。矮截锥足外撇,三足底面与圜底相平。附耳扁而短,耳口低于口沿面。颈沿以下饰间断细绳纹,底腹部、附耳、三足以及足跟面均饰细绳纹,颈部以下有灰黑色烟炱痕。2009年,湖北省大冶市罗桥蟹子地遗址出土。

粗绳纹夹砂灰褐陶甗

西周(前1046~前771年)
腹径18厘米, 残高7.6厘米, 厚0.7厘米

夹砂灰褐陶, 窄平沿, 尖唇, 沿略内凸, 附耳, 溜肩。上腹外鼓不明显, 束腰, 下腹略鼓, 圜底, 束腰处内壁一周凸沿以承箅, 肩部一道凹弦纹, 腹部通体施细绳纹, 颈部绳纹多抹光。2009年, 湖北省大冶市罗桥蟹子地遗址出土。

粗绳纹夹砂黄褐陶甗

西周(前1046～前771年)

口径22厘米, 腹径15厘米, 底径17厘米, 高31.5厘米

夹砂黄褐陶, 侈口, 圆唇, 上腹弧收, 最大径近肩部。下腹较浅, 略鼓, 大圜底, 粗腰, 腰内壁扁圆乳突以承箅。矮锥足外撇。附耳扁而短, 耳口与口沿面平。器身及足部均饰粗绳纹。口沿及器身下部有灰黑色烟炱痕。

扁方格纹黑皮陶高领罐

新石器时代
口径15厘米,腹径32.2厘米,底径9.8厘米,高31.2厘米,厚0.5厘米

泥质黑皮陶,侈口,圆唇,领部较高,鼓腹,小底内凹。上腹饰扁方格纹,下腹饰绳纹。

方格纹褐陶罐

新石器时代
口径11厘米, 腹径20.4厘米, 底径8厘米, 高19厘米, 厚0.8厘米

泥质褐皮陶, 侈口, 圆唇, 领部较高, 鼓腹, 小底内凹。下腹拍印较浅的方格纹。
2009年, 湖北省大冶市罗桥蟹子地遗址出土。

双系陶罐

东汉(25～220年)

口径10.8厘米, 腹径20厘米, 底径11厘米, 高14厘米

侈口, 圆唇, 短颈, 鼓腹, 平底。肩饰一道弦纹, 领肩各饰一道弦纹, 肩竖贴宽耳, 釉全部脱落, 下腹和底未施釉, 灰色胎。湖北省黄石市西塞山出土。

四系陶罐

东汉(25～220年)

口径9.5厘米, 腹径11厘米, 底径8厘米, 高14厘米

夹细砂灰陶, 直口, 圆唇, 溜肩, 斜腹, 平底。口沿有两周凹弦纹, 肩部有四个桥形纽, 仅存一个完整耳, 耳下饰一周弦纹。腹部和底部有多圈轮制痕。

双耳带柄陶罐

东汉(25～220年)

口径9.1厘米, 腹径17.5厘米, 底径9.5厘米, 高23.5厘米

泥质灰陶, 直口, 斜方唇, 高领, 鼓腹, 平底略往内凹。肩、颈处置一执手, 另一侧上腹部置一流, 部分残缺, 流弯曲变形。颈部分置两系。

细方格纹四系陶罐

南朝（420～589年）
口径8.5厘米，腹径18厘米，底径10厘米，高20.2厘米

敛口，圆唇，斜领，鼓腹，平底。肩饰两道弦纹，横贴四系，器身布满细方格纹，施褐釉，釉层大部脱落，口沿有缺口，口沿至腹部有一道裂痕，底部未施釉，朱黄色胎。湖北省西塞山石油站M1出土。

四系小陶罐

南朝(420～589年)

口径10.5厘米, 腹径19.5厘米, 高13.5厘米

敛口, 圆唇, 矮领, 溜肩, 鼓腹, 平底。唇外侧饰一圈弦纹, 肩部内、外圈各饰两圈弦纹, 弦纹之间饰戳印纹。肩部四个对称的系呈桥形。1997年, 湖北省黄石市阳新县陵园路墓葬出土。

瓜棱罐

唐(618～907年)

口径7厘米, 腹径9.6厘米, 底径5.5厘米, 高11.5厘米

侈口, 方唇, 直领, 十瓣瓜棱腹, 平底露胎。沿下一道弦纹, 肩上三道弦纹, 器身饰猪肝色釉, 暗红胎。

素面黄褐陶罐

明(1368~1644年)

口径10.76厘米, 腹径18厘米, 底径10.28厘米, 高23.2厘米

夹砂黄褐陶, 侈口, 方唇, 鼓腹斜收, 平底, 器身可见明显轮制痕迹。2020年9月, 湖北省黄石市新港物流园滨海开发区陈叔显村北潘山窝M1出土。

素面高领陶壶

新石器时代
口径6厘米, 腹径11.2厘米, 底径6.8厘米, 高12.5厘米

泥质黄褐陶, 侈口, 圆唇, 长斜颈, 鼓腹略扁, 平底, 器身素面。

四系盘口壶

东晋(317～420年)

口径10厘米, 腹径15厘米, 底径9厘米, 高16厘米

盘口, 束颈, 圆肩, 鼓腹, 平底。唇部饰有一道凹弦纹, 肩上横贴四系, 器身施褐色釉, 大部脱落, 盘口残缺两块, 下腹和底未施釉, 橙黄胎。

四系盘口壶

唐(618～907年)

口径17.5厘米, 腹径35.8厘米, 底径13.8厘米, 高35.8厘米

高领, 圆鼓腹, 平底, 竖贴四系脱落, 腹饰多道弦纹, 釉色全部脱落, 暗红胎。湖北省黄石市新下陆东方红公社M1盘口出土。

双耳陶壶

宋（960～1279年）

口径8.2厘米，腹径13厘米，底径8.6厘米，高25.4厘米

夹细砂深灰陶，直口，圆唇，肩部置两系，腹部微鼓，圈足，器身可见明显轮制痕迹。

黑陶果盒

南朝（420～589年）
高3.9厘米，直径19.8厘米

泥质黑衣红陶，内圈六除，浅盘形，圆唇，直腹壁，平底。内圈三分，外圈六除，边沿部分残缺，边沿有修补痕迹，盖缺。

黑陶果盒

南朝（420～589年）
高3.5厘米，直径22.3厘米

泥质，黑陶，圆唇，直壁，平底。内圈三分，外圈六除，边沿残缺，盖缺。

三足灰陶仓

东汉（25～220年）
口径74厘米，肩宽18.7厘米，底径12厘米，高26.2厘米

泥质灰陶，小口，圆唇，圆肩，斜腹，平底。三足呈人面形，上腹饰三道弦纹，下腹饰两道弦纹。轮制，火候较高。1987年，湖北省黄石市东汉墓出土。

斗笠形灰陶仓

东汉（25～220年）
口径13.6厘米，腹径21厘米，底径15.5厘米，高19.5厘米

泥质灰陶，敛口，圆肩，弧腹，平底，底部中央有一小孔。肩饰两道弦纹。仓盖呈斗笠形，有四个对称的三角形通风口。2004年，湖北省大冶市西儒桥黄文村东汉墓出土。

夹砂红褐陶鼎

新石器时代
口径10.3厘米，腹径11.3厘米，底径11.2厘米，高11.4厘米

夹砂红褐陶，侈口，圆唇，折沿，垂鼓腹，圜底，圆锥足，手制，器身多抹光。

夹砂红褐陶鼎

新石器时代
口径10.1厘米，腹径12.8厘米，底径12.4厘米，高15.2厘米

夹砂红褐陶，侈口，圆唇，垂鼓腹，圜底，圆锥足，手制，器身粗糙。

粗绳纹夹砂红褐陶鼎

西周(前1046～前771年)
口径15.2厘米, 腹径16.6厘米, 高19.4厘米, 厚1.2厘米

夹砂红褐陶, 侈口卷沿, 圆唇, 垂鼓腹, 圜底, 圆锥足。腹饰绳纹, 多抹光, 一鼎足尚留有部分绳纹痕, 手制, 厚胎。

素面夹砂红褐陶罐形鼎

新石器时代
口径14厘米, 腹径16.6厘米, 高17.9厘米, 厚1厘米

夹砂红褐陶, 侈口, 折沿, 圆唇, 溜肩, 深腹, 圜底, 矮扁足。2009年, 湖北省大冶市罗桥蟹子地遗址出土。

粗蓝纹夹砂黑陶鼎

新石器时代
口径18.5厘米, 腹径18厘米, 足长14厘米, 高24厘米

夹砂黑陶, 底腹与三足呈红色, 侈口, 折沿, 圆唇, 沿面微内凹, 圜底, 侧装三角形足。
腹部通饰较粗的斜蓝纹。2009年, 湖北省大冶市罗桥蟹子地遗址出土。

黑皮绳纹三足陶鼎

新石器时代
口径16厘米，腹径17.8厘米，残高12.1厘米，厚0.7厘米

泥质黑皮陶，足部泥质红陶，侈口，卷沿，方唇，束颈，扁折腹，尖圜底，圆锥足，足尖外撇上翘。领部绳纹多抹光，肩部饰间断绳纹，弦纹紧密，下腹部饰竖向和交叉绳纹，鼎足近根部外侧饰扉棱。2009年，湖北省大冶市罗桥蟹子地遗址出土。

扁三足灰陶鼎

新石器时代
口径19厘米, 腹径高9厘米

泥质灰陶, 侈口, 方唇, 内饰弦纹, 折沿, 沿面内凹, 腹部微鼓, 圜底, 宽扁足。

素面夹砂红褐扁三足陶鼎

新石器时代
口径21.1厘米, 腹径17.3厘米, 底径20厘米, 高15厘米

夹砂红褐陶, 敞口, 圆唇, 平沿, 束颈, 微鼓腹, 圜底, 宽扁足, 三足内侧突出连向底部, 三足均残。

绳纹夹砂红褐三足陶鬲

西周(前1046～前771年)

口径12厘米,腹径16.8厘米,残高17.6厘米,厚0.6厘米

夹砂红褐陶,侈口,卷沿,方唇,唇面有凹槽,束颈,转肩处有一周凸棱。溜肩,鼓腹,裆下垂,足内窝较浅,圆锥足。上腹部饰间断绳纹,下腹和底部饰绳纹。2009年,湖北省大冶市罗桥蟹子地遗址出土。

粗绳纹夹砂红褐陶鬲

西周(前1046～前771年)
口径14.4厘米, 底径15厘米, 高12厘米

夹砂红褐陶, 侈口, 卷沿, 方唇, 唇面有凹槽, 鼓腹, 矮裆, 足内窝较浅, 圆锥足, 腹部及足部饰间断绳纹。

弦纹泥质灰陶豆

新石器时代
口径17厘米, 腹径14厘米, 底径10.5厘米,
高11.7厘米

泥质灰陶, 侈口, 方唇, 深斜腹, 盘外四圈弦纹, 短粗柄, 喇叭状外撇, 豆座有四个圆形镂孔。

镂空黑皮陶豆

新石器时代
口径19厘米, 底径14.5厘米, 高13厘米

泥质黑皮陶, 浅斜腹, 盘内一圈弦纹, 粗柄, 喇叭状外撇, 豆座有五组圆形镂空, 每组四个圆孔, 座沿处饰一圈弦纹。

素面泥质灰陶豆

春秋时代(前770～前476年)

口径13.8厘米, 底径10厘米, 高11厘米

泥质灰陶, 尖唇, 浅盘, 斜腹, 粗柄, 座沿外撇明显, 底中央下凹, 整器多抹平。

黑皮陶豆

西周(前1046～前771年)
口径24.9厘米, 底径17.6厘米, 高21.4厘米

泥质黑皮陶, 黑皮多脱落。盘侈口, 圆唇, 弧腹, 盘底中央下凹, 粗柄, 座沿外撇明显, 盘内饰放射状暗纹, 外饰绳纹, 多抹平。柄部正中和座沿部饰弦纹多道和三组长方形镂孔, 每组三个, 上下两排镂孔较长, 中间镂孔较短。2009年, 湖北省大冶市罗桥蟹子地遗址出土。

泥质黑皮陶杯

新石器时代
口径9.1厘米，底径4.9厘米，高6.7厘米，厚0.3厘米

泥质黑皮陶，侈口，斜腹略内曲，底部内收。

素面泥质褐陶杯

新石器时代
口径8厘米，腹径7.6厘米，底径5.5厘米，高9厘米

泥质褐陶，口微侈，上腹较直，下腹弧收略内曲，圈足，杯内外有一层黑皮。

素面泥质灰陶簋

新石器时代
口径14厘米, 腹径16.2厘米, 底径8.9厘米, 高10.7厘米

泥质灰陶, 敛口, 方唇, 鼓腹下垂, 圈足微外撇, 器身有抹光, 手制。

陶器·鬶

三足陶鬶

新石器时代
口径12.1厘米，足长17.8厘米，裆深12.5厘米，高25.1厘米

泥质红褐陶，多烟炱痕，捏流，把残断，三袋足细长，截面扁圆，实足尖
极短，素面。2009年，湖北省大冶市罗桥蟹子地遗址出土。

粗绳纹夹砂红陶缸

新石器时代
口径50.8厘米, 腹径51.6厘米, 高64.4厘米, 厚2.4厘米

夹砂红陶, 直口, 方唇, 深腹, 尖圜底, 拍印粗绳纹, 近口部有两周弦纹。2009年,
湖北省大冶市罗桥蟹子地遗址出土。

黑皮陶器座

新石器时代
底径 30.6 厘米, 高 22 厘米, 厚0.8 厘米

夹砂黑皮陶, 器体较高大, 束腰明显, 座沿面有凹弦纹, 腰部饰成组的
弦纹和圆镂孔。

泥质灰陶井

东汉(25～220年)

口径13厘米, 底径13.2厘米, 高18.6厘米

泥质灰陶, 圆折唇, 沿面平坦, 直肩, 筒腹, 平底, 发现时底内存有稻草。

弦纹夹砂红褐陶釜

三国时期(220~280年)

口径19.4厘米, 高11.4厘米

侈口, 圆唇, 折沿, 沿面内凹, 鼓腹, 圜底。腹部两圈弦纹, 底部饰间断绳纹。

短双足陶砚

唐(618～907年)
长15.6厘米, 宽10.2厘米, 高2.9厘米

泥质黑皮陶, 黑皮部分脱落, 浅灰胎, 圆头束腰,
窄边, 翘沿, 短双足。

弦纹褐釉小口盂

东晋(317～420年)
口径4.5厘米,腹径7厘米,高3.1厘米

敛口,圆唇,扁鼓腹,凹圜底。口外饰两道弦
纹,腹内施青釉,器外釉层大部脱落,底未施
釉,灰白胎。

弦纹青釉小口盂

唐(618～907年)
口径3.6厘米,腹径6.1厘米,底径3.7厘
米,高3.7厘米

小口,鼓腹,平底。肩饰一道弦纹,器身饰褐红色无
光釉,腹下和底及罐内未施釉,浅灰色胎。

双系陶瓶

宋（960～1279年）

口径9.6厘米，腹径20.5厘米，底径9.4厘米，高26.6厘米

夹细砂灰褐陶，尖唇，折沿，溜肩，斜鼓腹，下腹斜收，平底。肩部置两系，残留穿系麻绳，器身有多道弦纹和轮制痕。

四系魂瓶

宋（960～1279年）

口径5.6厘米，腹径16厘米，底径6.2厘米，高33厘米

夹细砂灰褐陶，小口，子母口残缺不全，肩部置有四系，已残，筒腹向下急收，小平底。
器表有一层褐色陶衣，残存酱釉，器身可见明显的轮制痕迹。

塔式陶瓶

明（1368～1644年）
口径10.4厘米，底径8.9厘米，高43.2厘米

夹砂灰陶，侈口，尖唇，平沿，长束颈，鼓腹斜收，平底内凹。瓶盖部尖耸，呈塔式，有九圈凸起的弦纹，顶部已残，瓶身留有多圈轮制痕迹。整器较粗糙。

双耳陶瓶

明（1368～1644年）

口径8.25厘米，腹径18.6厘米，底径9厘米，高30.7厘米

夹砂黄褐陶，侈口，圆唇，折沿，溜肩，鼓腹斜收，平底。肩部置两系皆残缺，器身可见多道轮制痕迹。2022年，湖北省黄石市西塞工业园石榴园明墓出土。

高圈足陶碗

宋（960～1279年）

口径11厘米, 底径4.4厘米, 高6.3厘米

敞口, 尖唇, 弧腹, 高圈足。器身釉层全脱落, 底未施釉, 灰黄胎。

买地券

南宋(1127～1279年)
长32厘米, 宽30厘米, 厚4厘米

整体呈正方形, 颜色青灰, 系泥土烧制而成, 上阴刻楷书铭文, 字槽内填朱红, 顺书倒书间隔书写。

铭文: 皇宋咸淳八年岁次壬申十一月初一乙卯二十甲岁越三//十甲申祖贯淮南西路安丰军霍丘县人事寓居江南西路兴国//军大冶县永丰乡章山里鹿栏保道士洑返孝父吕辅国同孝男//程公道孝眘等敬为亡女安人吕氏大小娘存日入内系巳亥年二//月十三日寅时生阳寿三十四岁不幸于八月十一日寅时在建康府//国子监街程宅倾世龟噬协从宜于本里山之阳为宅兆安厝谨/□冥财九万九千九百九十九□□□□彩信币买地一穴东至//青龙西至白南至朱雀北至玄武内方勾陈分堂四域丘丞墓//伯谨肃界封道路将军齐整阡陌千秋万岁永无殃咎若辄干犯//□□将军亭长收付河伯今以酒醴香□共为信誓财地两相分//付工匠修营安厝已后永保休吉见人岁月主保人今日直符故//气□精邪得干犯先有君子远避千里若违此约地府主吏自当//其祸□(生)人内外有亡悉皆安吉急急如太上王者女青律令。

买地券

南宋(1127～1279年)

长27厘米, 宽27厘米, 厚3.8厘米

整体呈正方形, 颜色青灰, 系泥土烧制而成, 字槽内填朱红, 顺书倒书间隔书写。2000年, 湖北省黄石市西塞山电厂工地清理出土。

铭文: 上路分志//皇宋故忠训上君路分有日无命乙亥年八月初八日巳时生享//年五十八岁大限于咸淳八年二月初八丁酉日丑时辞世今有孝//妻夏氏长男上□俊次男士达合家孝眷等龟噬袭□谨//就本郡兴国军大冶县永丰乡章山里之原□用香信钱财□//彩镇信钱米币帛好乐酒果供物百味珍看五色钱财共为//信誓就皇后土名下买天心地一穴其地东止青龙南止朱雀西止白虎//北至玄武内方勾陈分堂四域中为上路分宅兆取二月初十巳亥日起土财//地相交付土匠修营砖石结构取二十巳酉□日还山安厝先有□子//远避千里齐整阡陌千秋万岁永无殃咎幽堂清净故气沴//□□如远此为地府主吏自当其祸生人亡者悉昔安□□。

陶屋

明(1368～1644年)

长23.8厘米, 宽13.7厘米, 高17.8厘米

陶屋面阔两间, 每间皆有一框架式单开门。屋顶方格纹, 一角残缺, 两端有屋脊兽, 一端兽首残缺。2020年9月, 湖北省黄石市新港物流园滨海开发区陈叔显村北潘山窝M2出土。

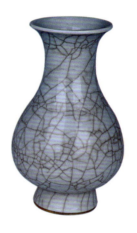

瓷器

褐黄釉带柄双系壶

汉（前202～220年）
口径7.5厘米，腹径15厘米，底径8.5厘米，
高19.8厘米

小口，窄沿，斜颈，鼓腹，假圈足，凹圜底。单柄脱落，流残仅存一孔，口沿残缺小块，竖贴双耳，器身施褐黄色釉，大部脱落，下腹，圈足露胎，灰胎。

褐釉双系壶

汉（前202～220年）
口径9.5厘米，腹径17.5厘米，底径9厘米，
高24.5厘米

小口、圆唇、斜领、圆鼓腹、平底内凹，肩部竖贴双耳。壶身施褐色釉，下腹和底未施釉，罐内施褐色釉，朱黄胎。

酱黄釉四系盘口壶

唐(618～907年)

口径18.4厘米, 腹径24.4厘米, 底径15.8厘米, 高37.4厘米

盘口, 直领, 长颈, 溜肩, 鼓腹, 平底。肩部四系残断, 器身盘口, 颈、肩、腹饰数道弦纹, 施酱黄色釉, 腹部、盘口脱落较多, 下腹和底部露胎, 褐红胎。

褐黄釉四系盘口壶

唐(618～907年)

口径21厘米, 腹径29.5厘米, 底径14.1厘米, 高39厘米

盘口, 直领, 长颈, 广肩, 鼓腹, 平底微内凹。口部残缺两块, 肩部四系残断三个; 器身盘口、颈、肩、腹饰数道弦纹, 施褐黄色釉, 腹部、盘口脱落较多, 下腹和底部露, 暗红胎。

几何纹褐釉执壶

五代十国（907～979年）

口径6.9厘米，腹径11.2厘米，底径6.6厘米，高16.5厘米

小盘口，窄沿，斜颈，鼓腹，圈足。器身施满褐釉，圈足无施釉，手柄外侧饰几何棱形，两侧贴塑小耳，短流口，上翘，暗红胎。

弦纹灰黄釉执壶

宋（960～1279年）

口径6.5厘米，腹径10厘米，流长5厘米，高15.5厘米

喇叭口，斜颈，圆肩，壶腹内收，圈足，短流上翘。器柄外饰多道条纹，颈部内外饰五道弦纹，器身施灰黄釉，圈足未施釉，灰黄胎。

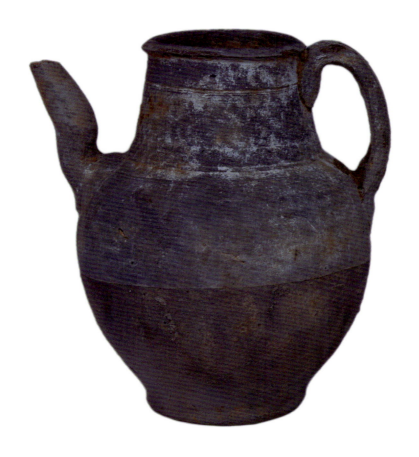

灰黄釉小口执壶

宋（960～1279年）
口径6.8厘米，底径6.6厘米，高16厘米

小口，斜颈，圆肩，鼓腹内收，平底，流上翘。颈部内外饰多道弦纹，器上部施灰黄釉，
下部无釉露灰褐胎。

青白瓷执壶

宋（960～1279年）
口径6.5厘米，腹径11厘米，底径6.6厘米，高14.9厘米

喇叭口，斜颈，广肩，鼓腹，圈足，单柄残断，细长流，微弯前伸。施青白
釉，圈足露胎，白瓷胎。湖北省大冶市地泉塘大队7号矿体山脚下采集。

瓜棱双系瓷壶

北宋(960～1127年)

口径5.1厘米, 底径5厘米, 高10.3厘米

盘口, 束颈, 六瓣瓜棱盖, 圈足, 半柄。双耳、
流残断, 柄外饰三道条纹, 器身施灰黄色釉,
底部未施釉, 灰胎。

粉彩山水人物纹瓷壶

民国时期(1912～1949年)

口径5.6厘米，底径11.6厘米，高8.3厘米

子母口，短直领，广肩，直腹，圈足。肩部有两系，系上分别有两孔，其中一孔与对面孔洞用一金属丝衔接，金属丝呈绳状，腹部置有一流，流弯曲变形，呈六边形状。外壁饰人物风景图案，器内有过滤装置与口衔接，可活动，器身接口处以及圈足底均露胎。

四系瓷罐

东晋(317～420年)

口径9.3厘米, 腹径18厘米, 底径12.7厘米, 高20.2厘米

圆唇, 直口, 溜肩, 肩部置有四系, 鼓腹斜收, 平底。器身通体施青绿釉, 釉面受侵蚀严重, 似有开片的痕迹, 底部未施釉, 露出灰白色胎。

青瓷四系小罐

西晋(265～317年)
口径6.8厘米,腹径10厘米,底径6厘米,高6厘米

小口,斜领,扁腹,平底。口沿残缺一块,肩上横贴四系,脱落一系,肩饰一道弦纹,器身内外施褐黄色釉,底未施釉,灰胎。

双系小罐

唐(618～907年)

口径7.8厘米, 腹径8.5厘米, 底径6厘米, 高8.6厘米

侈口, 圆唇, 直领, 斜肩, 鼓腹, 假圈足, 平底。领肩贴塑双耳, 肩下饰两道弦纹, 器身施酱褐色釉, 釉质大部脱落, 下腹和底未饰釉, 灰胎。

青瓷双系罐

唐(618～907年)
口径4.8厘米, 腹径8.2厘米, 底径4.6厘米, 高7.3厘米

小口, 圆唇, 鼓腹, 假圈足, 平底, 肩部竖贴双耳, 器身内外施褐黄色釉, 器外釉层脱
落尽半, 圈足露灰黄胎, 器形完整。

青瓷罐

五代十国（907～979年）

口径9.5厘米，腹径13厘米，足径6.5厘米，高9.5厘米

敞口，圆唇，束颈，广肩，鼓腹，圈足。器身施青绿釉，圈足未施釉，灰白胎。

青瓷双系小口罐

宋（960～1279年）

口径9.2厘米，腹径23厘米，底径9.5厘米，高25厘米

小口，折沿，斜颈，鼓腹，凹圈底，肩部竖贴双耳。器身施褐色釉，下腹和底露胎，暗红胎。

白瓷鸟食罐

宋（960~1279年）

口径3.6厘米, 腹径5.7厘米, 底径3厘米, 盖高2厘米, 高4.2厘米

敛口, 扁圆腹, 圈足, 露胎, 白瓷胎, 器身满施白釉。盖平口, 圆腹, 圜底, 口沿和腹内露白瓷胎。湖北省黄石市王家里宋墓出土。

酱色釉瓷罐

民国时期(1912～1949年)
口径11.6厘米, 底径12.4厘米, 高14厘米

圆唇, 无颈, 折肩, 腹部微弧, 圈底内凹。通体施酱色釉, 肩部饰凹弦纹, 纹饰不规整, 腹部饰有一圈凹弦纹, 其下有两圈回形纹。

青花花卉纹瓷罐

民国时期(1912～1949年)

口径8.2厘米, 腹径21.3厘米, 底径11.2厘米, 高20厘米

子母口, 无领, 溜肩, 鼓腹斜收, 圈足。通体施青白釉, 器表上半部饰青花花卉植物, 下部饰连续竖纹, 近底无纹饰。口部和圈足底未施釉, 露出白色胎。

青花团聚蝴蝶纹瓷罐

民国时期(1912～1949年)
口径10厘米, 腹径21.5厘米, 底径13.8厘米, 高27.5厘米

敛口, 尖唇, 圆肩, 弧腹, 圈足, 平底, 器身绘青花冬瓜、蝴蝶、菊花纹, 底部圈足无釉, 灰白胎。

青花寿字纹瓷坛

民国时期(1912～1949年)

口径10厘米, 腹径21.2厘米, 底径15厘米, 高21.5厘米

直口, 圆唇, 鼓腹, 圈足, 平底, 器内施白釉, 灰白胎。口部、底部施酱釉, 器身绘
青花花间寿纹样。

八卦纹八边形带盖瓷罐

民国时期(1912~1949年)
口径10.3厘米, 底径10.3厘米, 高7厘米

口微敛, 有盖, 直腹, 器物呈正八边造型, 圈足底。器体施白釉, 器内施天蓝釉, 器身和盖部饰描金八卦纹; 口部置有四耳, 呈人面造型; 盖有一钮, 为动物造型。口部和圈足底未施釉, 露出白色胎。

多角瓷魂瓶

隋(581～618年)

口径8.2厘米,腹径10.5厘米,底径7.8厘米,高27厘米

侈口,卷沿,圆唇,造型为上小下大弧形台阶的五重塔式器身,每级装饰五个斜直的圆锥角,平底微内凹。釉面受侵蚀严重,不辨釉色。

喇叭口莲花青瓷瓶

元(1206～1368年)

口径6.5厘米,腹径7.5厘米,底径5.4厘米,高14.9厘米

敞口,花边口沿,束颈呈六边形,溜肩、弧腹,宽边圈足。颈肩处饰一圈凸起的花边棱条纹,从口沿至圈足饰六道凸起的棱条纹,器身内外施青釉,圈足及圈足底露白胎。

彩绘白瓷人物瓷瓶

明(1368~1644年)

口径9厘米, 腹径11.2厘米, 底径8.5厘米, 高30.5厘米

敞口, 圆唇, 高领, 耸肩, 直筒腹, 圈足较高。通体施白釉, 器身饰人物故事纹样,
圈足底未施釉, 露出白色胎。

青花云龙开光人物扁瓷瓶

明(1368～1644年)

口径8.2厘米, 腹径35.4厘米, 底径16.5厘米, 高46.5厘米

口微侈, 圆唇, 长直颈, 圆鼓腹, 侧视为扁腹, 圈足, 平底。口径腹部两侧绘青花祥云和龙纹, 颈肩两侧饰镂空雕刻龙纹; 腹部正中圆形绘白底青花孔雀牡丹图, 另一面为勾栏戏剧图, 底部正中青花楷书"大明成化年制"。

鳝鱼黄釉蒜头瓶

清同治（1862～1874年）

口径7.3厘米，腹径25.5厘米，底径15.1厘米，高33厘米

直口，长颈，溜肩、鼓腹，圈足。通体施酱色釉，圈足内阴刻"大清同治年制"，六字双行楷书款。

鳝鱼黄釉蒜头瓶

清同治（1862～1874年）

口径7.5厘米，腹径26.3厘米，底径15厘米，高33厘米

直口，长颈，溜肩、鼓腹，圈足。通体施酱色釉，圈足内阴刻"大清同治年制"，六字双行楷书款。

霁兰象耳灯笼方瓶

清同治（1862~1874年）
口径9.1厘米，肩径13厘米，底径11.9厘米，高30厘米

直口，圆唇，短颈，平肩，方形体，圈足。腹两面各有一个象首带
环耳，圈足内施霁蓝釉，足底露白胎。圈足内墨书"大清同治年
制"，六字双行楷书款。

仿汝窑天青釉贯耳瓶

清光绪（1875～1908年）
口长11.7厘米，口宽8.9厘米，腹长19.3厘米，腹宽
16.7厘米，底长12.4厘米，底宽9.3厘米，高30.8厘米

长方形口，长颈，溜肩，鼓腹，方圈足。颈部置双贯耳，横断面
呈长方形。通体及足内均施仿汝窑天青色釉，细碎片纹布满
器身，足底露褐色胎体，圈足内书"大清光绪年制"，六字双
行楷书款。

黄釉仿铜尊方形瓷瓶

清(1616～1911年)
宽9厘米, 高31厘米

方唇, 唇内有一道凹弦纹, 高领, 腹部较粗, 底部外撇, 瓶有四棱, 整体呈方菱形, 圈足。通体饰酱黄釉, 颈部和腹部的棱分别饰有三个方形凸起, 圈足底未施釉, 露出白色胎。

粉彩山水纹象耳瓷马头瓶

清(1616～1911年)

口径14.1厘米, 腹径24.2厘米, 底径17.6厘米, 高41.3厘米

直口, 圆唇, 溜肩, 肩上置有两象耳, 鼓腹, 圈足。口沿一圈黑釉, 器身施白釉, 腹部彩绘山水纹样, 圈足底未施釉, 露出白色胎骨。

窑变贯耳乌头瓶

清光绪(1875~1908年)

口径11.2厘米, 腹径18.9厘米, 底径12.3厘米, 高30.1厘米

直方口, 圆唇, 器有四棱, 领部四棱内凹, 置有两贯耳, 鼓腹内收, 高圈足。通体施红釉, 有窑变痕迹, 圈足底未施釉, 露出白色胎骨, 圈足内有"大清光绪年制"字样。

仿官窑灯笼八卦纹方瓶

清同治（1862～1874年）

口径8.8厘米，腹宽13.3厘米，底径11厘米，高28厘米

琮式小口、方腹、圈足。器身及足内均施青白色仿官釉，釉层较厚，开细碎黄褐色片纹，足沿无釉处呈褐色。瓶内呈四方形，各角贴三角形泥片，用来加固器物。圈足内书"大清同治年制"，六字双行楷书款。

仿官窑灯笼八卦纹方瓶

清光绪（1875～1908年）

口径8.8厘米，腹径13.5厘米，底径11厘米，高27.9厘米

琮式小口、方腹、圈足。器身及足内均施青白色仿官釉。釉层较厚，开细碎黄褐色片纹。
足沿无釉处呈褐色。瓶内呈四方形，各角贴三角形泥片，用来加固器物。圈足内书"大清
光绪年制"，六字双行楷书款。

山水人物浅降彩棒槌瓷瓶

清(1616~1911年)

口径18.6厘米, 腹径22.5厘米, 底径15.1厘米, 高62.8厘米

盘口, 长颈, 溜肩, 长弧腹, 圈足, 圈足及足内露白胎。颈部题词为: 相
逢之处在茸茸, 石壁攒峰千万重, 他日欺君何处好, 寒流石上一株
松。腹部为人物、高山、松梅画, 底部无款。

仿哥窑梅纹瓷瓶

清(1616～1911年)

口径7厘米, 腹径9.2厘米, 底径7.4厘米, 高22.7厘米

敞口, 圆唇, 长束颈, 溜肩, 下腹斜收, 近底部微外撇, 平底, 小圈足。通体施褐釉, 有开片, 底部圈足无釉露褐胎, 器身有梅花浮雕。

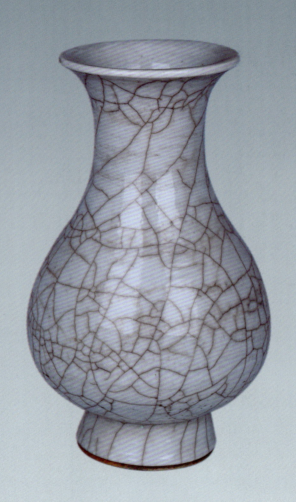

冰裂纹白瓷瓶

清(1616～1911年)

口径8.7厘米, 腹径12.2厘米, 底径6.1厘米, 高20.7厘米

敞口, 圆唇, 沿面宽且低平, 高领, 鼓腹内收, 高圈足。器身施开片青白釉, 圈足底未施釉, 露出白色胎。

彩绘堆花蒜头瓷瓶

清(1616～1911年)

口径5.9厘米, 腹径19.3厘米, 底径10.3厘米, 高28.2厘米

直口, 圆唇, 长颈, 鼓腹, 圈足, 平底。口沿、底部施白釉, 底部圈足无釉, 露灰白胎。器身施褐釉, 作树木纹理状, 颈部、肩部装饰人物山水图样, 腹部绘书卷形白底黑字"混沌从来不计年, 鸿蒙剖处我居先, 参同天地玄黄理, 任你傍门望眼穿。时在大明万历甲辰之冬月以为作"。

粉彩征战图瓷瓶

民国时期(1912～1949年)
口径12.7厘米, 腹径68厘米, 底径14厘米, 高41.3厘米

敞口, 高领, 弧腹内收, 圈足。口部残, 领部置有双狮耳, 肩部附有盘龙, 器身饰粉彩刀马人战争故事, 近底部饰一圈连续纹样。圈足底未施釉, 露出白色胎骨。

珊瑚红五彩人物瓷瓶

民国时期(1912~1949年)

口径17厘米, 腹径20.3厘米, 底径13.1厘米, 高44.7厘米

盘口, 圆唇, 高领, 弧腹斜收, 底部外撇, 圈足。器身通体施红釉, 装饰东海福寿图, 器内施白釉, 圈足底未施釉, 露出白色胎。

白瓷狮耳蟠虎纹瓷瓶

民国时期(1912～1949年)

口径19厘米, 腹径21.3厘米, 底径17.3厘米, 高44.7厘米

花边口, 圆唇, 卷沿, 高领, 弧腹内收, 圈足。通体施青白釉, 领部和肩部有动物装饰, 圈足底未施釉, 露出白色胎。

青花开片人物瓷瓶

民国时期(1912～1949年)
口径5.1厘米, 底径10.5厘米, 高22.2厘米

直口, 方唇, 高领, 溜肩, 弧腹内收, 底部外撇, 圈足。器身施白釉, 釉面开裂, 领部饰青花花卉图案, 腹部饰青花人物, 肩部和近底部未施白釉, 剔刻酱色连续纹样, 圈足底未施釉, 露出白色胎骨, 圈足底有"成化年制"字样。

仿明五彩双龙橄榄形瓷瓶

民国时期(1912～1949年)
口径7.5厘米, 底径6厘米, 高22厘米

侈口, 圆唇, 短束颈, 溜肩, 直腹, 底部内收, 圈足。器身施白釉, 釉面开裂, 腹部饰红绿双龙戏珠纹样, 圈足底未施釉, 露出白色胎。

花边高座盘

清(1616～1911年)
①口径17.4厘米, 底径10.3厘米, 高5.6厘米
②口径12.8厘米, 底径7.8厘米, 高4.8厘米
③口径9.8厘米, 底径6厘米, 高4.2厘米
④口径7.6厘米, 底径5厘米, 高3.6厘米

大小四件套, 盘呈八边形, 敞口, 斜腹, 八边形圈足。盘内、盘底施白釉, 外侧盘身施矾红釉。盘心用红、灰色彩绘制八卦图, 周边是用矾红色线条绘制的八卦图。圈足内朱书"源清堂李"字双行楷书款。

霁红釉瓷盘

清同治（1862～1874年）
口径20.6厘米，底径13厘米，高5.3厘米

敞口，弧壁，圈足。通体施红釉，口沿因高温熔融使
铜红釉显露出白色胎骨，圈足内施白釉，书青花"大
清同治年制"六字两行楷书款。

粉彩福寿蟠桃大盘

清(1616～1911年)

口径35厘米, 底径19厘米, 高5.6厘米, 厚0.62厘米

敞口, 斜壁, 圈足。盘内分四个纹饰带, 盘心是双桃纹样, 二圈是绿色海水纹, 三圈是三只蝙蝠捧着一个"寿"字为一组, 四组对置。四个绿叶红色寿桃, 四个单桃对置, 外圈是绿地加红色白点心去纹配蓝色的树叶绕盘一周。金边, 盘的外壁饰有三组红色草叶纹。泥鳅背, 露胎, 白色, 无款。

五彩白瓷菜盘

清同治(1862～1874年)
口径14.2厘米, 底径7.4厘米, 高2.5厘米

敞口, 小圆唇, 花边口沿, 上腹部微鼓, 向下斜收, 圈足。盘内中间彩绘桃子, 盘身一周装饰蜻蜓、瓢虫、蝴蝶、飞蛾等昆虫。底部中间篆书:"大清同治年制"。

豆青釉鹤莲纹荷叶形高足瓷盘

清同治(1862～1874年)
口径14厘米, 底径7.6厘米, 高4厘米

花边口, 尖圆唇, 弧腹, 高圈足。腹部饰有粉彩花卉纹, 圈足饰连续纹样；器物内饰仙鹤粉彩莲花图案；圈足底未施釉, 露出白色胎骨, 足内有"同治年制"字样。

粉彩兰地云龙纹三瓣形高足瓷盘

清同治(1862~1874年)

口径13.5厘米, 底径7.3厘米, 高4厘米

圆唇, 花边口, 斜弧腹, 高圈足。器身和圈足外饰花卉纹, 器内饰单龙戏珠, 口部有一圈回纹。圈足底未施釉, 露出白色胎, 圈足内有"大清同治年制"字样。

粉彩白鹤云纹瓷盘

清同治(1862～1874年)
口径13.5厘米, 底径7.4厘米, 高4.2厘米

尖圆唇, 花边口, 弧腹内收, 高圈足。腹部饰三组粉彩缠枝花卉纹, 圈足饰连续纹样。盘内饰仙鹤祥云图案, 口沿饰缠枝纹, 圈足底未施釉, 露出白色胎, 足内有"大清同治年制"字样。

粉彩花卉纹高足瓷盘

清同治(1862～1874年)

口径10.3厘米, 底径6.3厘米, 高3.8厘米

圆唇, 弧腹, 高圈足。器身印四只蟾蜍, 圈足外饰上下颠倒的连续纹样, 器内饰花鸟纹。圈足底未施釉, 露出白色胎, 圈足内有"同治年制"字样。

青花高足瓷盘

清(1616～1911年)

口径10.4厘米, 底径4.2厘米, 高8.5厘米

侈口, 圆唇, 斜弧腹, 柄部呈喇叭状, 中空。盘部较浅, 盘内绘青花缠枝花卉纹, 盘外三朵花卉纹, 柄与盘连接处绘青花三瓣枝叶纹。

墨色山水方形瓷盘

清(1616~1911年)

长36.5厘米, 宽35厘米, 厚4厘米

直口, 圆唇, 整体呈四方状, 平底。通体施青白釉, 器内饰山水风景图案, 左上角饰有文字, 部分已模糊不清。足底未施釉, 露出灰白胎。

分格调色瓷盘

民国时期(1912～1949年)

口径15.5厘米, 底径11.7厘米, 高6厘米

敛口, 圆唇, 腹部微鼓, 圈足。器身和器内施白釉, 外壁饰松柏风景图案, 圈足底未施釉, 露出白色胎骨, 器物内部呈太极造型。

分格调色瓷盘

民国时期(1912～1949年)

口径15.5厘米, 底径11.7厘米, 高6厘米

敛口, 圆唇, 腹部微鼓, 圈足。器身和器内施白釉, 外壁饰松柏风景图案, 圈足底未施釉, 露出白色胎骨, 器物内部呈太极造型。

青釉瓷碗

南朝（420～589年）

口径14.7厘米, 底径9.3厘米, 高5.58厘米, 厚0.5厘米

敞口, 斜腹内收, 平底。碗内由许多细线纹组成的同心圆纹, 釉层部分脱落, 露朱黄色胎。

彩釉葵口碗

唐(618～907年)

口径11.5厘米, 底径4.7厘米, 高5.1厘米

五葵瓣形口, 弧腹, 圈足, 器身无光白釉, 器内是无光白釉地, 上施五条绿色彩带, 灰白胎。碗口残缺一小块, 碗内有一划痕。

青白釉莲花碗

宋（960～1279年）
口径10.8厘米，底径5厘米，高5.4厘米

十出葵瓣形口，荷瓣形斜腹内收，器身内外施青白釉，圈足未施釉，灰白胎。

青白瓷碗

宋（960～1279年）
口径11.5厘米，底径3.5厘米，高5.3厘米

敞口，斜弧腹，小圈足，圈底露胎。器身施青白釉，整器轻薄，底部有一道裂纹，白瓷胎。
湖北省黄石市王家里宋墓出土。

青白釉葵口碗

宋（960～1279年）
口径11.6厘米，底径3厘米，高4.6厘米

薄胎，葵口，斜弧腹，小高圈足，器内底部有圆形凸起。通体施青白釉，底部未施
釉，露出白色胎。

龙泉窑青釉小碗

宋（960～1279年）

口径7.7厘米，底径3.9厘米，高3.4厘米

圆唇，弧腹，凹圈足，器身施豆青色釉，有多道开裂，暗红胎。
湖北省黄石市西塞山牛头出东北山脚下出土。

龙泉窑青釉小碗

宋（960～279年）
口径7.7厘米，底径3.8厘米，高3.5厘米

圆唇，弧腹，凹圈足，器身施豆青色釉，暗红胎。湖北省黄石市西塞山牛头出东北山脚
下出土。

龙泉窑影青瓷孔明碗

北宋(960～1127年)

口径12.2厘米, 底内径4厘米, 高4.3厘米

侈口, 鼓腹, 宽边矮圈足, 碗为夹层, 中空, 龙泉窑产品。通体施青釉, 圈足底露白胎。碗心呈浅盘状, 浅盘状碗心饰三朵盛开的菊花, 线条流畅, 外饰三圈弦纹。口沿外侧下饰一圈弦纹, 腹部饰暗条纹, 并由圆圈分成若干组。

龙泉窑斗笠碗

南宋(1127～1279年)

口径12.6厘米, 底径3.1厘米, 高5厘米

敞口, 斜腹, 小圈足, 龙泉豆青色釉。圈足底火石红色, 器身一处开裂, 底部圈足部分残缺, 白瓷胎。湖北省黄石市西塞山南宋墓出土。

龙泉窑斗笠碗

南宋(1127～1279年)

口径12.6厘米, 底径3厘米, 高4.5厘米

敞口, 圆唇, 弧腹, 凹圈足, 器身施豆青色釉, 暗红胎。湖北省黄石市西塞山牛头
出东北山脚下出土。

龙泉窑青釉瓷碗

明（1368～1644年）

口径13.5厘米，底径5.5厘米，高8.3厘米

敞口，斜腹，圈足。器身内外施豆青色釉，碗外沿下有两道弦纹，影青竖条露筋，圈足无施釉，橙黄胎。

黑釉瓷碗

明（1368～1644年）
口径11.46厘米，底径4厘米，高4.36厘米

敛口，尖唇，弧腹，平底，圈足。碗内两圈弦纹，器身施黑色釉，圈足无釉露浅灰胎。2022年，湖北省黄石市西塞工业园石榴园明墓出土。

粉彩八仙椭圆八瓣形大碗

清同治(1862～1874年)

口径27.5厘米×22.2厘米, 底径16厘米×13厘米, 高9.1厘米

棱花形口, 四瓣棱花腹, 四瓣棱花圈足, 碗内施白釉, 口沿金边, 腹外壁饰八仙过海, 八仙人物和骑兽用五彩粉彩描绘, 圈足外沿两道金边, 金边之间为绿色海浪, 圈足底露白色胎。底款方章双边, 阳文篆书"大清同治年制"。

双兽耳瓷碗

清(1616～1911年)

口径20厘米, 底径6.5厘米, 高8.5厘米

敞口, 圆唇, 斜弧腹内收, 圈足。肩部置壁虎造型的双耳, 通体施黄白釉。

粉彩八方形瓷碗

清(1616~1911年)

口径14厘米, 底径8.9厘米, 高6.7厘米

侈口, 圆唇, 斜弧腹, 平底, 圈足。碗呈八边形, 口沿一圈金色釉, 碗内施青
釉, 外部图案分八个部分装饰, 绘琴棋书画四个题材, 其间以四瓣花隔开。
近口沿处装饰一圈花卉纹。底部朱书楷书"源清堂李"。

仿明粉彩虫草纹异形瓷碗

民国时期(1912～1949年)
长20.40厘米，宽13.30厘米，高5.5厘米

侈口，尖唇，斜腹，圈足，平底。平面呈不规则形，口沿一圈褐釉，器身施白釉，底部圈足无釉露白胎，器身彩绘花卉昆虫图样，器内底部绘蝴蝶植物纹样，外部底部中间朱书"成化年制"。

酱釉托盘香熏

唐(618～907年)

盖顶径6.6厘米,底径12.6厘米,高5.7厘米;座口径11.5厘米,
盘径17.9厘米,底径16厘米;通高14.9厘米

平沿斜壁浅盘,凹圜底,底边饰一道弦纹,盘中设一三足小
鼎;鼎平沿,尖唇,圆腹,兽足,平底。顶盖桥纽,平顶,有四个
对称圆孔,斜壁有二十七个上尖下大三角形镂孔,平沿,沿上
一道弦纹。盖内子母口。施酱褐色包釉,盖内和盘底局部露暗
红胎。盘沿、鼎沿,盖边沿均施一至两道弦纹,整器完整,精
美。湖北省黄石市吉阳大队胡归恼出土。

青釉瓷香炉

宋(960~1279年)
口径12.5厘米, 腹径14.5厘米, 高23.5厘米

子母口, 圆唇, 方沿, 直颈, 鼓腹, 三兽足, 对置两长方耳于肩沿, 鼎耳有残缺, 圜底, 中部凸一圆孔穿通鼎底。口沿残缺尽半, 颈部有一心形镂孔, 鼎足残断, 粘接。盖钮为一仰天卧狮抱绣球造型, 圆盖, 盖底和狮嘴通透, 狮体中空, 盖沿、鼎沿和鼎底凸脐部露胎, 器身施满豆青色釉, 釉色开片不匀, 灰白瓷胎。湖北省黄石市西塞牛头山东北边脚下出土。

青黄釉水盂

唐(618～907年)

口径19厘米, 腹径24.2厘米, 高11.7厘米

敛口, 圆唇, 鼓腹, 平底。器身施青黄色釉, 大部脱落, 器底露胎。破碎多片,
粘接修补完整, 灰黄胎。

青黄釉四系瓷井

南朝（420～589年）
口径11厘米，腹径13厘米，高10厘米

敛口，凸唇，直壁，平底。上腹横贴四系，腹壁饰三道弦纹，底部十七个支钉痕，器身施青黄釉，露灰黄胎。

马蹄足瓷砚台

南朝（420～589年）
直径19厘米, 高7.5厘米

圆唇, 斜壁, 凹圜底。盘底弧形外凸, 五个马蹄足, 残断一个, 底部有二十二个支钉痕, 盘内中部无釉, 器身施青釉。

多足瓷砚台

唐(618～907年)

口径23.3厘米，高5.7厘米

圆唇，直边，浅盘，凹圜底，盘底鼓凸，盘底边沿十个葡萄形足均匀分布，二足残缺，盘底沿和盘口多处残缺，盘施褐色釉，盘底和鼓凸盘心露浅黄色胎。

青瓷敛口钵

南朝（420～589年）

口径8厘米, 底径4.5厘米, 高2.5厘米

敛口, 浅盘, 弧腹, 平底, 底部有线条纹。器身施青绿色釉, 釉层大部脱落, 器底露灰胎。湖北省黄石市西塞山石油站采集。

青瓷刻花圈足钵

元(1206～1368年)

口径14厘米, 底径7.7厘米, 高10.3厘米

凹盘口, 尖沿, 直壁, 下腹斜收, 圈足内凹。器壁饰等份三朵菊花纹, 器口和壁施青白釉, 器内下腹和圈足露灰黄胎。湖北省黄石市西塞山元墓出土。

素面瓷器座

民国时期(1912～1949年)

口长16.2厘米, 口宽16厘米, 底长18.6厘米, 底宽18.1厘米, 高7.4厘米

平面呈正方形, 正面束腰形, 中空, 分四层, 施白釉。上部两层逐渐内收, 中空为圆形;
下部两层逐渐外扩, 下部第一层为方形中空, 最下一层为圆形, 底部圈足。

粉彩鲤鱼戏白龙瓷盆

清(1616～1911年)
口径37厘米, 底径18厘米, 高10.2厘米

敞口, 圆唇, 折沿, 斜弧腹, 圈足, 平底。通体施白釉, 底部圈足无釉露白胎。盆内口沿彩绘一圈彩色祥云纹, 腹部装饰十条红蓝鱼, 底部彩绘鲤鱼变龙图。

粉彩牡丹纹瓷花盆

民国时期(1912～1949年)
口径40.4厘米, 底径20厘米, 高22.4厘米

敞口, 圆唇, 宽沿, 弧腹内收, 圈足较高。口沿装饰花卉纹, 器身施青白釉, 饰彩绘花鸟纹, 圈足无釉, 露浅褐胎, 器内下腹部、底部未施釉, 底部中间一小圆孔。

青花凤凰牡丹瓷盆

民国时期(1912～1949年)
口径38厘米, 底径25.3厘米, 高10.4厘米

敞口, 尖唇, 折沿, 斜腹, 平底。器内外施白釉, 底部无釉露白胎。口沿内绘青花蝴蝶、蜻蜓、蝙蝠等昆虫, 用花卉图案隔开, 腹部绘四朵牡丹纹样, 底部绘青花凤凰牡丹图。器外部绘青花桃子、石榴、佛手瓜纹样。

青釉素面圈足双耳瓷簋

民国时期(1912～1949年)

口径14.6厘米, 底径8.7厘米, 高8.5厘米

敞口, 折沿, 沿面较宽, 内有凹弦纹, 肩部置有两系, 筒腹, 圈足较高。器身施绿釉, 圈足内施白釉, 口部和圈足底露出白色胎。

褐釉带盖瓷簋

清(1616～1911年)

口径18.2厘米, 底径10厘米, 高12.7厘米

子母口, 微敛, 有盖, 腹部微鼓, 束腰, 平底。器身和盖部施黑色釉, 釉色不均, 口部与腹部衔接有双耳, 耳上有人面装饰。盖上置有一纽, 纽未施釉, 器盖中部刻有"周龑生鼎"字样, 器盖与器身接口处以及底部均露胎。

绿釉带盖瓷簋

清(1616～1911年)

口径18.4厘米, 高17.6厘米

子母口, 有盖, 圆唇, 折沿, 束腹, 腹部微鼓, 兽蹄足, 圜底。肩部置有两系, 耳系上有人面装饰。盖的中部位置突出, 置有一纽, 盖身有七组放射状弦纹, 刻有"周京姜鬲"字样。通体饰绿釉, 器盖与器身接口处以及底部均露胎。

绿釉四瓣形带盖瓷盖鼎

清(1616～1911年)

口长20.8厘米, 口宽17.3厘米, 高10.5厘米

子母口, 平面呈四瓣花形, 长边两端有方形耳, 均残, 四足为柱状足, 外施绿釉, 内施白釉, 盖部顶端做四瓣花形纽, 外部施绿釉, 表面有玫红色点状, 内施白釉, 盖上阴刻"商父辛鼎"四字。

五彩带盖瓷鼎

民国时期(1912～1949年)

口径18厘米, 盖径17.2厘米, 腹径20.5厘米, 高19.1厘米

子母口, 有盖, 口部置有两系, 束颈, 弧腹, 小平底, 柱状足, 三个足部侧面分别有一孔。外壁施黄、绿、蓝、红、粉釉, 色块呈不规则状。盖上置有一纽, 刻有"周公戌鼎"字样, 底部未施釉, 露出白色胎。

细描金圆形瓷帽筒

民国时期(1912～1949年)

口径12.2厘米, 底径12.2厘米, 高28.5厘米

直口, 方唇, 直筒腹, 圈足底。通体施红釉, 器身有六道开窗, 饰有金色动植物纹样, 圈
足底未施釉, 露出白色胎。

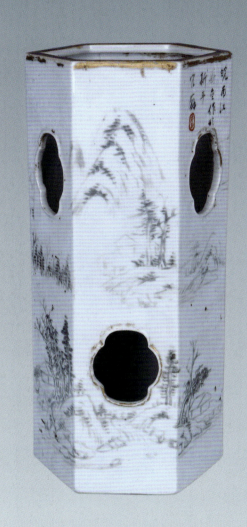

墨彩六面形瓷帽筒

民国时期(1912～1949年)
口径12.7厘米, 底径12.7厘米, 高27.9厘米

直口, 方唇, 直筒腹, 器物呈正六边造型, 圈足底。通体施白釉, 器身有六道开窗, 饰有
山水风景纹样, 圈足底未施釉, 露出白色胎。

豆彩博古纹瓷帽筒

清(1616~1911年)

口径11.6厘米, 底径11.6厘米, 高29.2厘米

直口, 圆唇, 圆柱形, 平底, 圈足, 白胎。施白釉, 器身绘各种文房摆件、花鸟图案, 底部圈足无釉。

坭形方鼓瓷笔筒

民国时期(1912～1949年)

口径12.7厘米, 底径12.7厘米, 高27.9厘米

方形口, 微敛。笔筒有棱, 肩部置狮耳一对, 整体呈四方状, 造型似橄榄, 圈足底。器身有一面饰植物纹, 与之相对一面刻有文字, 能识别的为"泰始元年"。

瓷雕屈原像

民国时期(1912～1949年)
长13.2厘米，宽11.3厘米，高34厘米

人像头戴高冠，冠施酱釉，头部微仰。身穿宽袖长袍右衽套装上衣三件，最里面一件为圆领。衣服素白，施白釉，腰间系褐色腰带，并悬挂一把长剑，脚上穿白底黑面翘头方履。

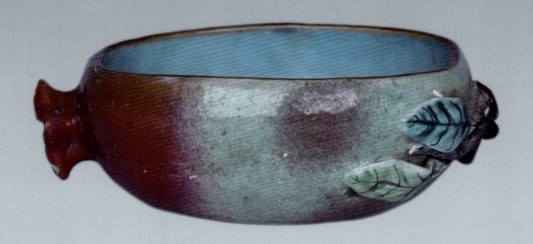

五彩石榴形瓷笔洗

清(1616～1911年)
口径长13.5厘米, 口径宽12.8厘米, 高5厘米

敛口, 圆唇, 弧腹, 圜底。器形整体呈圆角方形, 外壁施红、粉红、紫红、绿釉, 色块呈不规则状, 腹部附一缠枝装饰和一网格纹, 侧面置有一耳, 呈石榴蒂样, 器内饰蓝釉。

五彩葫芦形瓷笔洗

清(1616～1911年)

口径16.5厘米, 底径16.5厘米, 高6厘米

斂口, 圆唇, 平面呈葫芦形, 顶部装饰立体的葫芦茎叶, 器外施红黄绿三种釉, 色块不规则状, 器内施绿釉。

粉彩肥蟹双鱼游水纹瓷笔洗

年代不详

口径14厘米, 底径5.8厘米, 高5厘米

直口, 圆唇, 弧腹, 平底内凹, 通体施白釉, 器内绘松、螃蟹、蜻蜓、鱼、花等图案, 外部写有甲骨文, 底部朱书行书"友竹山庄"。

粉彩云鹤纹五瓣形带盖瓷盒

清同治(1862～1874年)

盒:口径16厘米,底径13.5厘米,高8.7厘米;盖:口径16厘米,高5.1厘米

敛口,折沿,直腹,圈足,平底.器身呈花瓣状,腹上部两侧各有两个人面纽,腹部绘黄底白鹤祥云纹,内部施绿釉。器盖花瓣形,顶部一兽形纽,纽周绘黄底白鹤祥云纹,盖内施绿釉。底部朱红印章篆书"大清同治年制"。

石榴形带盖青瓷盒

南宋(1127～1279年)

口径5.6厘米, 底径5.6厘米, 高4.6厘米

器形石榴状, 上部为盖, 盖顶作石榴蒂样, 外部施黄白釉, 内部无釉, 白胎, 盖部残缺一角; 下部器身子母口, 尖唇, 斜弧腹, 平底, 腹部施黄白釉, 器内、口部、底部皆无釉。

粉彩狮纽带盖瓷盒

民国时期(1912～1949年)

口径14.8厘米, 底径13.2厘米, 高11.3厘米

敛口, 圆唇, 直腹, 圈足, 平底, 灰白胎。内外施白釉, 口沿圈足无釉, 器身绘山水图案, 腹上部四个兽形系, 盖部顶端一兽纽, 盖内外施白釉, 盖沿一圈无釉露灰白胎, 盖上绘山水草木图样, 墨书写"颐养天地之和"。

加彩瓷盒

民国时期(1912～1949年)

口径11.8厘米, 底径11.2厘米, 高9.5厘米

敛口, 尖唇, 直腹, 平底, 圈足。通体施白釉, 器身绘花鸟图案, 腹上部四个兽形系。

淡彩印泥瓷盒

清同治(1862～1874年)

口径6厘米, 底径4厘米, 高3.2厘米

子母口, 尖唇, 斜弧腹, 圈足底。施白釉, 器身盖上均绘山水图样, 盒口沿、盖沿未施釉, 露白胎。底部中间朱红印章篆书"同治年制"。

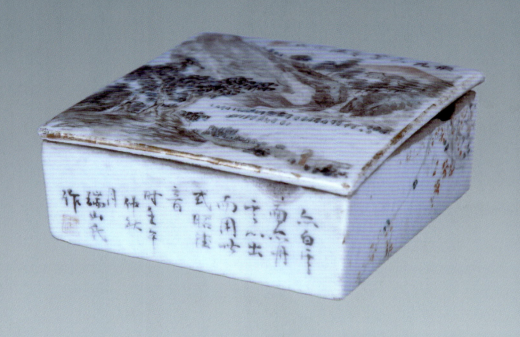

淡彩方形带盖瓷印泥盒

民国时期(1912～1949年)
口径10.2厘米, 底径10.2厘米, 高4.2厘米

直口, 方唇, 有盖, 整体呈四方状, 平底。器身三面饰花鸟植物纹样, 另一面印有文字, 部分不能识别, 盖上饰山水纹。器身整体施釉, 器盖子母口与器身口部均露胎。

粉彩花卉纹瓷酒杯

清(1616～1911年)
口径6.4厘米, 底径2.4厘米, 高3.5厘米

———

侈口, 圆唇, 弧腹, 圈足。口沿一圈金色釉, 器身施黄釉, 彩绘牡丹纹样, 圈足无釉, 露白胎。

淡彩束腹瓷杯

清光绪(1875～1908年)
口径10.7厘米, 底径3.9厘米, 高6.1厘米

———

圆唇, 腹部呈上大下小的葫芦形, 小高圈足。器身绘有人物风景, 靠近口部有"时辛巳辰月阳口作"。圈足底未施釉, 露出白色胎骨, 圈足内有"光绪年造"字样。

青花山水风景纹瓷碟

明（1368～1644年）
口径6.9厘米, 底径4.2厘米, 高2.5厘米

圆唇, 斜弧腹内收, 小高圈足。器内绘制山水图案, 器底内部残损。圈足底未施釉, 露出白色胎骨, 圈足内有"成化年翠竹斋"字样。

豆青釉描金荷叶彩碟

清同治（1862～1874年）
口径8厘米×6.3厘米, 底径5.4厘米×3.8厘米, 高1.78厘米

盘呈椭圆形, 敞口, 花边口沿, 花瓣形弧腹, 椭圆形圈足。通体施青釉, 盘身内外、口沿的青釉上用金粉满饰树枝形纹饰。圈足底露白色胎, 双行篆书款。

酱釉瓷油灯盏

唐(618～907年)

口径11.5厘米, 底径4.1厘米, 通高3.6厘米

敞口, 弧腹, 假圈足, 平底。盘内一纽, 器身施酱褐色釉, 口沿露筋, 腹和圈足露胎, , 浅灰胎。
湖北省黄石市新下陆唐墓出土。

酱釉瓷盏托

唐(618～907年)

口径8.1厘米, 盘径15.4厘米, 底径5.7厘米, 高4.8厘米

四出葵瓣形盘, 盘中托一圆形深腹直壁盏, 矮圈足。盏盘正面施酱褐色釉, 开片。盏外壁四道弦纹, 盘底和背面、圈足心施褐黄色釉, 边沿有不均匀酱褐色的斑块, 圈足底露胎, 盏口有多处小块残缺, 修补大致完整。湖北省黄石市新下陆唐墓出土。

青白瓷盏

宋(960～1279年)

口径11.2厘米, 底径4.4厘米, 高8.6厘米

敛口, 圆唇, 折肩, 斜弧腹, 平底。通体施青白釉, 釉面有小开片, 底部未施釉, 露出白色胎。

后 记

  为贯彻落实新时代文物工作方针,让文物活起来,我馆将陆续出版《黄石市博物馆馆藏文物图录》系列图书,分门别类展示馆藏文物基本风貌,展现黄石悠久的历史文化,增强文化自信。本册为《陶瓷卷》,由柯尊红主编,杨胜、李庆玲、包丽君、卫丹负责文物拍摄和资料收集整理工作。此书从策划、编著到出版历时一年多,凝结了大家的辛劳,文物出版社、黄石市精信彩印科技有限公司也为此付出很多心血。在此,一并表示谢意!

2023年12月